Fatiha Regragui

Économie monétaire: quelles Relations Monétaires Internationales?

Fatiha Regragui

Économie monétaire: quelles Relations Monétaires Internationales?

Éditions universitaires européennes

Impressum / Mentions légales
Bibliografische Information der Deutschen Nationalbibliothek: Die Deutsche Nationalbibliothek verzeichnet diese Publikation in der Deutschen Nationalbibliografie; detaillierte bibliografische Daten sind im Internet über http://dnb.d-nb.de abrufbar.

Information bibliographique publiée par la Deutsche Nationalbibliothek: La Deutsche Nationalbibliothek inscrit cette publication à la Deutsche Nationalbibliografie; des données bibliographiques détaillées sont disponibles sur internet à l'adresse http://dnb.d-nb.de.

Coverbild / Photo de couverture: www.ingimage.com

Verlag / Editeur:
Éditions universitaires européennes
ist ein Imprint der / est une marque déposée de
OmniScriptum GmbH & Co. KG
Heinrich-Böcking-Str. 6-8, 66121 Saarbrücken, Deutschland / Allemagne
Email: info@editions-ue.com

Herstellung: siehe letzte Seite /
Impression: voir la dernière page
ISBN: 978-3-8417-4996-3

Zugl. / Agréé par: Meknès, Université Moulay Ismail, Meknès, 2009

Economie monétaire:

Quelles Relations Monétaires Internationales et de Change ?

Sommaire :

Introduction :

L'exercice de l'activité financière touche différents établissements de crédit, les banques, les sociétés de financement et les entreprises d'investissement dans le cadre d'un marché de capitaux à triple révolution, marquée par la désintermédiation, la déréglementation et le décloisonnement.

Les lois bancaires nationales ne cessent d'évoluer dans le sens de diversification de l'activité bancaire, d'unification du cadre juridique et de protection des prêteurs et des emprunteurs.

En effet, Au Maroc et en France, les lois cadres respectives de 1993 et de 1994, définissent l'établissement de crédit comme étant toute personne morale qui effectue à titre de profession habituelle, les opérations de placement, d'octroi de crédit et de gestion des moyens de paiements.

A côté, des opérations connexes peuvent être réalisées, telles que les opérations de change, de courtage et d'ingénierie financière au profit des entreprises dans la phase de création ou de d'extension.

Afin d'éviter le risque de dérapage monétaire qui peut nuire au système financier interne et externe, il est indispensable de régir l'activité financière par des normes de contrôle qui émanent des autorités de tutelle internes, notamment le ministre des Finances et la Banque Centrale

D'autres autorités internationales interviennent afin de réguler le système monétaire international, c'est bien le cas du FMI et de la Banque Mondiale.

-*Quelle est la mission de ces autorités ?*

-*Quels sont les moyens de gestion adoptés par les instances internationales afin de gérer la liquidité internationale ?*

-*quelle est l'histoire de la réglementation financière internationale et l'histoire des relations monétaire internationales et de change ?*

-*Peut- on tirer des leçons de l'histoire des relations monétaires internationales dans un monde sans frontières ?*

Le présent travail, sera scindé en trois chapitres :

Le premier portera sur la présentation des caractéristiques fondamentales du système monétaire international.

-*Le second chapitre couvrira quant à lui, l'organisation du marché de change car l'international ne pourra se réaliser comme activité que si on opère avec le reste du monde en monnaie convertible et donc en devises.*

-*Le dernier chapitre sera consacré à la présentation du mode de fonctionnement du marché de change qui dépend de la réglementation en vigueur, des acteurs et des stratégies économiques.*

Chapitre1 : *__Le système monétaire international__*

I-__Notion de liquidités internationales__

Il y a relations monétaires internationales car il ya des créances ou des dettes entre les agents intérieurs et extérieurs : les entreprises non financières, les administrations publiques, les ménages, les banques, les assurances et l'extérieur :

- *Les entreprises et l'extérieur importent et exportent pour percevoir des revenus ;*

- *Les ménages importent, font du tourisme et reçoivent des revenus ;*

- *Les banques prêtent, importent et remboursent ;*

- *Les assurances importent, remboursent et versent des primes ;*

- *L'Etat verse et reçoit des dons, prête et emprunte.*

Le but de la balance des paiements(BP) est d'enregistrer l'ensemble des flux réalisés entre les agents économiques en termes de biens et services ou en termes financiers.

La balance de paiement est un document comptable qui permet d'étudier l'équilibre des opérations réalisées entre les agents économiques.

L'équilibre de la BP repose sur les principes suivants :

-principe d'annuité : la BP est établie pour une année civile, il peut exister dans certains pays, des BP pluriannuelles ou trimestrielles....

L'importance des BP pluriannuelles est de suivre l'évolution des flux économiques dans le temps.

-principe de territorialité : c'est relatif à la résidence habituelle des agents et non à leur nationalité.

-Principe d'enregistrement :

L'enregistrement par le FMI est lié à la transaction.

Certains pays choisissent les règlements et par là les flux qui seront pris en considération sont les flux financiers qui sont plus sûrs en matière d'analyse.

-principe de comptabilité : chaque opération donne lieu à deux écritures : débit et crédit.

Dans le crédit, on enregistre toutes les exportations, les achats d'actifs par les non résidents et les engagements nets du pays envers l'extérieur.

Dans le débit, on enregistre les importations, les dépenses touristiques des résidents à l'étranger et les achats d'actifs par les résidents à l'étranger. Ce qui donnera lieu à l'accroissement ou la diminution des avoirs nets du pays à l'étranger.

Pour les dons (réels ou financiers) ils considérés comme des transactions unilatérales. Si le pays donne le don réel, ce dernier est considéré comme une exportation en ouvrant un compte transfert. Par contre, s'il s'agit d'un don financier, on l'inscrit au débit ou au crédit.

-principe de l'imprécision : les données d'enregistrement sont imprécises pour les raisons suivantes :

*la diversité des opérations ;

*l'insuffisance des sources d'information ;

*l'hétérogénéité des informations.

Les informations précises comprennent les mouvements de marchandises, d'or et de devises.

La BP se présente ainsi :

Exportations et importations de m/ses

   = Balance commerciale → Balance des opérations courantes *+ Solde BP*

→ Position monétaire extérieure

Exportations importations de services +Transferts

   = Balance des invisibles

Mouvements de capitaux à CT et à LT

= Balance des capitaux

+Erreurs et Omission

Les mouvements de capitaux à CT et à M LT sont stabilisants et permanents et en cas de déficit, les opérations de compensation viennent combler le déficit.

En cas d'excédent de la balance des opérations courantes, le pays peut demander des devises clés, consentir un crédit à CT et à MT et payer ses propres dettes.

S'il y a un solde négatif, le pays pourra demander un crédit, réduire ses importations ou ses réserves de change.

La position monétaire excédentaire décrit les avoirs et les engagements à CT du secteur public (la Banque Centrale et le trésor) sur l'étranger à une date donnée.

Le signe négatif de la position monétaire extérieure signifie l'augmentation des avoirs et la diminution des engagements envers l'extérieur.

Le signe positif signifie, par contre, la diminution des avoirs et l'augmentation des engagements.

La position monétaire extérieure est une sorte de caisse du pays, c'est un moyen de financement économique et politique à la fois.

II-*Les facteurs déterminants de la liquidité internationale :*

Pour qu'une entreprise s'engage dans une activité internationale, elle doit assurer la trésorerie internationale.

Dans un pays, on essayé de centraliser toutes les demandes et les offres de la monnaie étrangère contre la monnaie nationale par la Banque Centrale.

Le besoin de liquidité internationale(LI) naît au niveau d'un Etat quand le solde des échanges avec l'étranger est déséquilibré.

La LI dépend d'une série de facteurs présentés ainsi :

1-La structure et le volume des échanges internationaux. En terme de volume, pour profiter d'un crédit, on fait prolonger le délai de remboursement et en terme de structure, plus on a des échanges bilatéraux déséquilibrés plus il est nécessaire de disposer de liquidités pour régler les soldes.

Le volume de la structure des patrimoines financiers internationaux.

Ce type de besoin naît du fait que les détenteurs de portefeuilles internationaux appliquent des techniques de gestion du risque.

Le mouvement des capitaux est volatil ce qui conduit à un déficit temporaire de la BP et à un besoin en réserves.

2-Le comportement des banques centrales :

La banque centrale défend la monnaie nationale au jour le jour, en cas de dépréciation de la monnaie internationale, elle utilise des réserves dont elle dispose et si non, elle doit les emprunter.

3-L'organisation des Banques Centrales de l'OPEP :

Les Banques Centrales des pays ayant un excédent de pétrole doivent placer la monnaie excédentaire dans des investissements pour maximiser les rendements à travers les réserves de change. Ces banques agissent donc comme des spéculateurs.

4-Le facteur extra-économique : Cas de crise politico-militaire car l'Etat a des relations politiques.

III-Conception et mesure de LI :

La LI est un concept multiforme, en effet :

-La LI naît de la nécessité de financer les transactions, elle peut être satisfaite par l'échange des monnaies convertibles les plus utilisées dans le monde (fonction de transaction).

-La LI naît de la nécessité dans laquelle se trouve la Banque Centrale, principale opérateur international.

La LI est une nécessité de faire face au déséquilibre temporaire ou durable de paiement extérieur (fonction de réserve).

Quelques devises l'assure ayant de meilleurs valeurs dans le temps (dollar, yen, livre sterling...).

-La notion de réserve de précaution : Les Etats doivent être en mesure de faire face à une crise ponctuelle, imprévisible, de leur paiement extérieur.

Une autre solution, c'est la possibilité de disposer de ligne de crédit en permanence vers ou près d'autres institutions (accords d'assistantes réciproques).

Ces accords peuvent être négociés soit entre deux pays, on parle de swap, ou entre plusieurs pays participant à un accord commun.

***Ex** : La Banque Centrale marocaine qui a un avec la Banque Centrale française un accord de crédit et à ce titre cette dernière accorde un crédit à sa partenaire en cas de besoin.*

A un autre niveau, l'accord de coopération régional assure une liquidité potentielle en cas de manque et ce genre de liquidité dispense le pays d'obtenir des réserves internationales.

Il ya en tout trois concepts de LI et chaque concept nous renvoie à une question bien déterminée :

-Difficulté d'établir des chiffres, faut-il inclure toute la monnaie X en circulation ou exclure ceux des résidents ?

Faut-il comptabiliser les emprunts faits sur le marché de change contractés par la Banque Centrale ? (risque de fuite monétaire)

Quand la Banque Centrale fournit des informations sur la structure monétaire, les spéculateurs vont profiter de la situation.

Pour mesurer les liquidités potentielles, il demeure nécessaire de savoir la nature des accords d'assistance. La LI est formée des DTS : une monnaie internationale créée par le FMI et sa valeur était égale à celle du dollar.

L'or ne joue plus le rôle de réserve monétaire internationale depuis 1971, mais il ne joue qu'un rôle industriel.

Depuis 1973, après la crise pétrolière, on note une tendance à la diversification des réserves de change et 10 ans plus tard, le dollar s'est déprécié au profit du yen.

Les pays ont constitué des portefeuilles en fonction de différentes devises pour éviter les effets de la dépréciation monétaire, mais deux pays : l'Allemagne et la Suisse ont toujours évité d'avoir leur monnaie jouer le rôle de réserve pour ne pas courir de tel risque.

A côté de cette évolution dans la tendance des réserves monétaires, on note l'augmentation de la part des monnaies des PSD et des pays industrialisés.

Les USA ne détiennent que 10% des réserves recensés alors que près de 70% des réserves sont libellées en dollars. Ce sont les pays les plus proches des USA qui ont moins de réserves en or (Canada, Japon et GB), alors que les pays indépendants (France, Suisse, Allemagne) gardent plus de réserves en or.

Les pays pétroliers et non pétroliers ont connu une augmentation des réserves.

Pour faire face à une crise, les pays doivent détenir à côtés des réserves internationales, des réserves potentielles telles que les Droits de Tirage (DT) et les Droits de tirage spéciaux (DTS).

Les moyens de paiement internationaux sont nombreux, cela suppose l'existence d'un choix d'un moyen bien particulier et ce choix dépend de la nature de la transaction et de l'état de confiance entre les partenaires.

Il y en a trois catégories :

***Les moyens de paiement et les moyens de crédit** : l'effet de commerce.*

****Les autres moyens de paiement** : C'est un ensemble hétérogène qui comprend les moyens de paiement à vue tels que les espèces qui est la modalité la plus sûre et la plus simple, mais l'acheteur et le vendeur doivent exister en même temps, c'est-à-dire que la présence des deux contractants est obligatoire.*

Dans ce cadre, l'Etat règlemente les transactions en espèces pour lutter contre l'évasion fiscale.

On ajoute à ces moyens, le chèque de voyage (travellers cheques), la carte de crédit, le chèque, le virement bancaire et le mandat postal international.

Les moyens de paiement documentaire :

La remise documentaire, le crédit documentaire et la lettre de crédit (règlement contre paiement, ou contre acceptation ou contre négociation).

Ces trois procédures portent une grande sécurité à l'exportateur dans le paiement extérieur.

-La remise documentaire : Par laquelle un exportateur après voir expédié les marchandises, va confier à une banque un ou plusieurs documents, convenus à l'importateur, accompagnés ou non d'un effet de commerce qui sera remis à l'importateur contre paiement ou contre acceptation.

Les documents renferment le document de transport (connaissement maritime, lettre de voiture, lettre de transport aérien ou document de transport combiné), les documents comptables (la facture, le certificat d'origine, le contrat d'assurance ...) et les documents d'inspection.

L'importateur ne peut disposer de la marchandise que s'il signe ou paye l'effet de commerce. Les garanties ne sont pas parfaites, l'importateur peut ne pas venir lever sa marchandise.

-Le crédit documentaire (crédoc) : C'est une garantie de paiement, émis par une banque en faveur d'un exportateur (on échange les documents contre le paiement). Ce crédit réalise un équilibre entre les objectifs du vendeur et de l'acheteur.

Le crédoc est un engagement écrit par une banque qu'on appellera une banque émettrice et remis au vendeur et bénéficiaire à la demande et conformément aux instructions de l'acheteur.

Les avantages du Crédit documentaire :

C'est un système efficace de créances sur l'étranger quand il est irrévocable et confirmé par la signature des deux banques, la banque de l'acheteur (la banque émettrice) et la banque du vendeur (la banque confirmatrice).

La lettre de crédit *: la lettre de crédit est émise en faveur de l'exportateur par la banque de l'importateur qui l'autorise à tirer sur elle, ou sur une autre banque désignée, une traite documentaire.*

Elle comporte l'engagement de la banque émettrice, vis-à-vis de l'importateur, de payer ou d'accepter sa traite si elle est conforme aux conditions énoncées.

La lettre de crédit présente moins de garanties car le paiement est effectué au niveau des caisses de la banque émettrice.

-Le procédé SWIFT *: Ce n'est pas un moyen de Paiement, mais c'est un réseau de télécommunications privé ayant pour but d'améliorer les paiements financiers internationaux en introduisant une normalisation dans le traitement des opérations bancaires par des systèmes informatiques.*

L'usage est réservé aux banques membres du réseau, le système est basé sur la communication des messages et l'acheminement des ordres de la clientèle que les banques avaient l'habitude de transmettre par télexes, tables et courriers.

C'est un moyen sécurisé, rapide, à faible coût et fiable, mais son seul inconvénient c'est qu'il n'assure pas la délivrance d'un accusé de réception, il faut juste attendre la réalisation de l'opération.

IV- *L'organisation des Relations monétaires internationales :*

Les LI sont des actifs qui remplissent les fonctions classiques de la monnaie, mais une monnaie ne remplit bien sa fonction que si elle circule sur les plans national et international, ainsi pour connaitre la situation monétaire dans le monde à un moment donné, il ne suffit pas de connaitre le niveau et la structure des liquidités disponibles, mais de connaitre aussi les conditions de circulation de ces liquidités.

D'ailleurs, pour qu'on puisse parler de système, il est nécessaire de parler de trois fonctions :

-Le système doit fournir des LI pour le financement des transactions des échanges commerciaux et des mouvements de capitaux.

-Le système doit organiser une structure de parité monétaire internationale relativement stable afin d'éviter l'insécurité des échanges et les mouvements spéculateurs déstabilisateurs.

-Le système doit comporter un processus d'ajustement en cas de déséquilibre persistant des flux externes des pays membres.

Pour distinguer les systèmes monétaires internationaux, on peut recourir à trois critères possibles :

-Le critère de la nature de l'étalon : ce critère permet d'étudier comment s'exerce les effets de domination monétaires des pays à monnaies clés. On parle de seigneuriage quand la monnaie est à la fois nationale et internationale.

-Le critère des modes d'interconnexion des monnaies nationales : ou bien, il y a un taux de change fixe ou flottant, ce critère permet de caractériser les modalités de l'ajustement des flux extérieurs des pays membres du système en question.

-le critère de la convertibilité : c'est le principal problème de la circulation monétaire internationale.

A ce critère, on ajoute une esquisse historique :

*L'étalon or (GSS) : ce système n'a pas résulté d'un accord écrit entre les pays, mais d'une entente entre les pays occidentaux de 1870 à 1914.

A l'origine, il se définissait par les dispositions suivantes :

-Chaque monnaie est définie par son poids d'or (pair) et circule librement à l'intérieur du territoire national.

-Tous les signes monétaires circulants sont convertibles en or et la Banque Centrale acceptait d'acquérir l'or qui lui était apporté au pair métallique et de céder à ce même pair toutes les quantités d'or demandées par un acheteur quelconque.

-La frappe de monnaie est libre et ne dépendait pas de l'Etat.

-La parité des changes résultait du rapport entre les définitions or respectives des unités monétaires.

-La monnaie circulait librement à l'extérieur des frontières et jouissait d'un pouvoir d'achat universel.

Au niveau théorique, l'étalon or a un taux de change fixe, l'or est un instrument d'intervention pour protéger le niveau de la parité officielle afin d'établir l'équilibre.

Sur le plan pratique, l'or n'est pas le seul instrument de paiement. Les partenaires en échange utilisent les monnaies fiduciaires convertibles en or.

Les mécanismes régulateurs et stabilisateurs de l'étalon or se présentent comme suit :

-mécanisme de paiement or : c'est un mécanisme de régularisation spontané de change, il consiste àç un arbitrage entre deux modes de règlements, l'entrée d'or et la sortie d'or.

L'entrée d'or : quand la valeur de la monnaie nationale s'établie au dessus de sa parité or compte tenu des coûts de transport et d'assurance du métal. La sortie d'or dans le cas inverse.

Si par exemple, la balance de paiement française est déficitaire, la valeur de la livre sterling par rapport à l'euro augmentera et la demande de la livre sera excédentaire.

Les importateurs vont préférer payer en or plutôt qu'en livre et les devises seront converties en or.

Par contre, si la balance de paiement française est excédentaire, la valeur de la livre va diminuer et par conséquent la demande diminuera aussi.

Les exportateurs préféreront être payés en devises quitte à assumer les frais

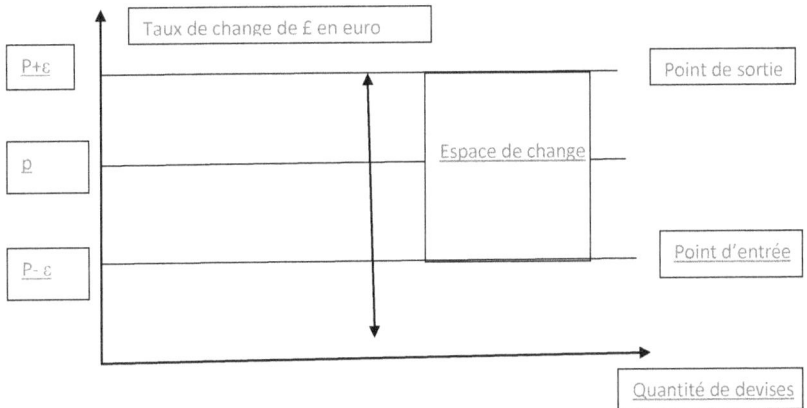

Taux de change de £ en euro

P+ε   Point de sortie

Espace de change

p

P- ε   Point d'entrée

Quantité de devises

transport et_ d'assurance.

Entre les points d'or créditeurs et débiteurs, on se sert des devises convertibles achetées sur le marché, c'est l'espace de change.

A l'intérieur de l'espace p+ε et p-ε, il peut y avoir spéculation et entre les points d'or, il s'établie une relation directe entre les flux extérieurs et la masse interne (capitaux, m/ses et importations) en raison de la variation des quantités d'or vendues ou achetées contre devises, c'est dans l'espace d'or que débiteurs et créanciers préfèrent des règlements en or. L'étalon or devait théoriquement assurer un retour automatique à l'équilibre.

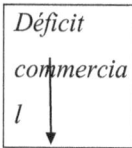

Déficit commercial ↓

Sortie d'or ⟶ *Contraction de la masse monétaire* ⟶ *Hausse des taux d'intérêt et*

Diminution des prix ↗ *Afflux de capitaux extérieurs et augmentation des exportations par rapport aux importations= Retour à l'équilibre.*

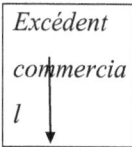

Excédent commercial ↓

Entrée d'or ⟶ **Dilatation de la masse monétaire** ⟶

Baisse des taux d'intérêt et Augmentation des prix → **Sortie des capitaux et augmentation des importations par rapport aux exportations = Retour à l'équilibre.**

Dans le pays à déficit commercial, les sorties d'or réduisent la masse monétaire en circulation, les prix diminuent, les exportations augmentent par

16

rapport aux importations ce qui donnera lieu à un afflux de capitaux d'où un rééquilibre.

Le rééquilibre doit être complet dans la mesure où la séquence des mesures opèrent aussi longtemps que se poursuivent les mouvements d'or, ces mouvements d'or subsistent tant que subsiste le déficit ou l'excédent.

Cela a des effets qui se résument dans les points suivants :

-le premier effet : c'est la répartition automatique de l'or dans l'espace. Puisqu'un pays qui détient plus d'or que n'exige plus de règlements dans ses transactions, va enregistrer une hausse de prix et de taux d'intérêt, il s'en suit une dépréciation de change qui sera engendrée par le déséquilibre commercial et financier, une sortie d'or et une répartition optimale des flux.

-le second effet : c'est l'ajustement de la production d'or aux besoins mondiaux s'il ya un écart entre le rythme de la production de l'or et celui de la marchandise, par conséquent une diminution des prix des matières premières exprimées en or.

Cette hausse de prix de métal implique une augmentation de la rentabilité de la production d'or et donc de l'extraction d'or.

-le troisième effet : c'est l'égalisation des prix nominaux exprimés en or, c'est un mécanisme d'arbitrage pour corriger les différences de productivités des pays membres.

L'entrée d'or n'entraine pas automatiquement l'augmentation du volume de la masse monétaire à cause de l'existence de la thésaurisation par les créanciers ou les Banques Centrales qui ne convertissent pas les devises ou l'or en monnaie nationale ou les placent à l'étranger donc il n'y a pas d'augmentation monétaire.

On peut avoir une accumulation des avoirs de devises par le système bancaire qui n'accroît pas son offre de crédit.

On peut avoir une déthésaurisation des réserves de change pour alimenter une demande d'importation afin de répondre aux besoins de paiement en fonction des réserves.

On retient deux principes de la théorie quantitative de la monnaie pour expliquer la relation entre la quantité de monnaie et le niveau des prix :

-La quantité de monnaie et la dépense : toute variation de la quantité de monnaie n'a d'influence sur les prix et l'activité économique que par la variation des dépenses effectives qui sont liées aux variations des revenus.

-La flexibilité de prix : le mécanisme auto-correcteur postule une réaction rapide des prix aux variations de la masse monétaire, mais la flexibilité des prix n'existe pas toujours.

L'avantage de l'étalon or, c'est qu'il a facilité les règlements multilatéraux entre les nations riches et marchandes car l'or avait un pouvoir libératoire. Il a également facilité le financement des échanges.

Dans la pratique, l'économie mondiale avait subi des phases successives d'inflation et de déflation dues en partie à la découverte des mines d'or.

Sur le plan interne, on a constaté que le mode d'ajustement par la déflation ou la récession a l'inconvénient majeur de soumettre l'équilibre interne à l'équilibre externe, càd les facteurs monétaires du genre stabilité de change et équilibre des flux externes le portaient sur le souci de la croissance, les Banques Centrales ne devaient pas s'opposer à la sortie d'or et devaient admettre le chômage et l'appauvrissement pour rétablir l'équilibre interne qui se trouvera soumis à l'équilibre externe.

Sur le plan international, l'étalon or a permis surtout une organisation économique et monétaire entre les économies développées en facilitant les règlements et en fournissant la LI.

Cependant, le développement s'inscrivait dans un monde dominé par l'Angleterre et dans une division internationale favorable aux puissances industrielles de l'époque qui exploitaient les colonies et les semi- colonies, cela a entraîné un système de destruction de l'industrie locale et de l'artisanat local.

La monnaie des pays pauvres était dévaluée constamment, il y avait deux dévaluations des PD, celle de l'Autriche et des USA.

Jusqu'à 1913, 70% de liquidité appartenaient à 6 pays : GB, Russie, France, USA, Allemagne, Hongrie et l'Autriche, la répartition de LI était en faveur de certains pays.

Pour ce qui est de l'évolution du régime de l'étalon or, on distingue deux grandes périodes jusqu'à 1914 et jusqu'à les années 40.

*-**Première période** : marquée par le règne conjoint de l'or et de la livre sterling au niveau international.*

Au 19ème siècle, la GB disposait d'une position hégémonique dans le commerce international, ainsi sa monnaie s'imposait comme instrument de numération et de règlement dans les échanges.

Très vide, le régime de l'étalon or s'est structuré en un système d'étalon sterling qui devait assurer à la GB une prééminence financière cela a entrainé plusieurs conséquences :

*La GB n'avait pas à substituer la parité de sa monnaie, mais seulement la conversion hors de sa monnaie, par contre les autres pays veillaient à maintenir un rapport stable avec la livre sterling en laquelle était exprimée la majorité des contrats internationaux qui remplaçaient l'or dans la limite des points d'or (espace de change).

*Les Banques Centrales et les partenaires étrangers maintenaient leurs réserves excédentaires en compte Sterling auprès des établissements financiers

de la City plutôt que de les convertir en or car la convertibilité en livre avait des rémunérations d'où la constitution d'un système avec une monnaie centre (Livre) et monnaie périphérique.

L'Angleterre se situait au centre d'une économie et d'un réseau bancaire assurant toutes les fonctions d'une Banque Internationale, elle défend les conditions de la validation internationale de la Livre afin d'assurer la convertibilité de la livre en or en cas de diminution du taux d'intérêt de livre.

Et en cas de sortie d'or, la Banque Centrale en GB va augmenter le taux de réescompte (Bank Rate) pour assurer l'entrée d'or.

Sur le plan pratique, l'étalon Or était favorable pour les puissances économiques.

-Seconde période : (vicissitude de l'étalon or), dès le lendemain de la guerre mondiale, le besoin se fit sentir de trouver un nouveau ordre monétaire international vu le conflit entre les PD et l'existence d'une parité instable. Les tentatives en 1922 ont abouti à une conférence de Gênes pour s'accorder sur un système ayant les caractéristiques suivantes :

-les pays disposent des réserves d'or suffisantes adopteraient un système d'étalon or, mais la convertibilité ne serait que partielle en Gold Bullion Standard : convertibilité entre les Banques Centrales ;

-les pays dont les réserves d'or n'étaient pas suffisantes pouvaient constituer des réserves de change non seulement en or, mais aussi en devises clés qui sont convertibles en or, il s'agit de l'étalon change or qui pourra jouer le rôle de règlement.

Ce système a fonctionné pendant quelques années en se basant sur la monnaie de quatre pays : USA, France, GB, Allemagne et il a duré jusqu'à 1931.

De 1931 à 1935, il y avait plusieurs événements : la dévaluation de la Livre Sterling et de nombreuses monnaies ce qui a aboutit à la constitution de trois blocs monétaires :

1) *Bloc des pays dont la monnaie est fixée autour de la Livre Sterling : Egypte, Inde, GB, Australie, Nouvelle Zélande, Scandinavie, Portugal et Afrique du Sud.*

2) *Bloc des pays formés de : France, Italie, Cologne, Belgique, Hollande et Suisse.*

3) *Bloc du dollar : USA et pays Sud américains.*

Ce qui était à l'origine d'expiration du système d'étalon or et deux raisons majeures expliquent cela :

-Pénurie d'or : donc il aurait fallu trouver d'autres moyens pour financer les transactions internationales

-Importance attachée à la stabilité économique interne comme nouvelle contrainte.

L'accord de Bretton-Woods sur l'étalon de change or est un accord multilatéral caractérisé par le déclin de la GB et l'émergence des USA.

Cette période a connu deux plans : le plan Keynes et le plan White.

L'objectif américain (plan White) est d'éviter le contrôle de change et de favoriser l'échange international et l'équilibre de la balance de paiement. Les USA prévoyaient un système de dépôt par l'installation d'une institution et en cas de besoin, il peut y avoir un retour aux dépôts collectés.

L'objectif de la GB : Keynes refuse les mécanismes stabilisateurs et voulait que le système stimule le paiement extérieur, il prévoit un système bancaire capable de dépasser les frontières pour assurer l'échange international, d'où la création d'une monnaie « Bancor » convertie en or, mais l'or ne circulera pas dans ce système, c'est juste une référence sur le marché de change.

Keynes a prévu alors une banque mondiale de type technique qui émet son dépôt préalable d'or comme monnaie universelle par l'intermédiaire des Banques Centrales et les avances de la Banque Mondiale seraient utilisées à des règlements de Clearing au sein d'une organisation supranationale de compensation des centres entre les différentes Banques Centrales et l'or est démonétisé car il ne circulait pas chez Keynes.

L'idée de Keynes est de créer un système basé sur le crédit par le recours à la Banque.

Ce plan a été écarté car il s'est vu inflationniste devant la création de grande liquidité, mais pour Keynes, l'idée pertinente est la création d'une monnaie scripturale bien gérée et la création de la liquidité en fonction des besoins des PD et des PSD.

***Le Golde Exchange Standard : c'est** un régime où un pays détient en fonction de ses règlements avec l'étranger et parallèlement au métal jaune des avoirs libellés en devises étrangères considérées comme équivalentes à l'offre et les pays dont la monnaie bénéficie du statut de devises clés ne peuvent faire entrer dans les réserves de change leur propre monnaie.*

***De 1947 à la fin de décembre 1971,** les règles fondamentales qui définissent le régime monétaire de référence sont les suivantes :*

-Référence à l'or

-pair de la monnaie de chaque étalon est exprimé en or, pris comme dénominateur ou en dollar des USA et du poids d'or en vigueur du premier juillet 1934.

-Référence au dollar n'est qu'une façon indirecte à se référer à l'or, mais l'or demeure le seul moyen de règlement international non contesté, du moins en théorie, 1 dollar valait 89 cg d'or fin.

Un système de taux de change fixe mais flexible ou de flexibilité administrée, càd le taux de change est fixe, mais il ya des règles pour changer les taux.

La première règle : la fixité des taux de change, la seconde règle : les pays membres doivent maintenir leur monnaie au pair sur le marché de change avec une limite de plus au moins 1% de pair, si 1 DH= 1 euro donc 1 DH= 1.01 euro ou 0.99 euro.

La troisième règle : les parités sont révisables dans la limite de 10% du pair (réévaluation ou dévaluation) . Supposons qu'on dépasse les 10%.

L'accord du FMI est nécessaire et il n'est accordé que dans le cas d'un déséquilibre fondamental.

La convertibilité des monnaies : les pays membres s'engagent à assurer la liberté de paiement en or pour assurer la liberté de change.

L'article 8 des statuts du FMI autorise le maintien des limitations aux mouvements de capitaux, mais il y avait un contrôle de change des transactions de B&S et des capitaux.

Les PVD ne pouvaient pas appliquer les mesures de l'article 8, l'exception est valable pour les PD.

Le FMI est une institution parmi quatre autres : la BIRD, la Société Financière Internationale (SFI), l'Agence Internationale pour le Développement (AID).

Sa raison d'être est liée au fait que les obligations imposées aux pays membres du fonds ont en contrepartie le droit à une aide monétaire sans laquelle les nouvelles règles du jeu n'auraient pu être respectées.

C'est le FMIO qui devait s'en charger en constituant une sorte de cagnotte internationale, mais il est loin d'être une superbe banque que Keynes avait préconisé la création, il apparait au contraire comme un pôle de devises en parfaite conformité avec le plan White.

Les membres du FMI en 1944 étaient de 44, le FMI repose sur le système de quota, chaque pays membre contribue à placer une quotte part représentant en principe son importance économique et déterminant directement outre sa souscription qu'il doit verser et le nombre de voix qu'il doit exprimer dans la prise de décision et ses droits d'accès aux ressources du FMI.

NB : le Maroc participe par 0.34 en 1984 et l'USA avec 20, 08%.

Le FMI proportionne contrairement au système des Nations Unies les pouvoirs de décision au montant du capital souscrit par chaque pays. Il y a plusieurs logiques à cela :

-Une logique financière : la répartition inégalitaire du pouvoir ne ferait que réfuter la réalité des potentiels économiques et financiers dans le monde.

Le FLMI octroie les crédits et conditionne les principes de crédits, il se charge également de la politique de change et il a un rôle de règlements.

Les statuts sont muets concernant les critères des quotes-parts et tout est basé sur la négociation.

Le droit de vote est conditionné comme suit :

-le droit de vote est relativement attribué depuis la création du FMI par un rééquilibre intérieur aux pays capitalistes développés et par un rééquilibre entre les pays capitalistes développés et le reste du monde.

-en 1946, les USA, la GB et la France regroupaient 80% de votes des pays industrialisés capitalistes. Un peu plus tard, cinq grands pays, les USA, la

GB, la France, le Japon et la RFA ont concentré 70% de droit de vote des pays industrialisés et en 1973, ils ne représentaient que 63%.

-le glissement vers les pays en voie de développement et les pays socialistes : ce ci est dû aux réévaluations des quottes- parts en faveur des pays exportateurs de pétrole, mais surtout il y avait beaucoup d'adhésion des pays à l'indépendance politique depuis les années 60.

-caractère limité de l'évolution : les voix perdues par les pays industrialisés ont été attribuées en moitié aux pays industrialisés et l'autre moitié aux Pays en voie de développement.

En 1953, 34 PVD se partageaient 28% des voix. En 1985, 128 PVD se partageaient 39 % des voix. Le nombre de disproportion qui existait entre les PVD et les PD était élevé.

Le FMI est dirigé par les organes suivants :

-Le conseil des gouverneurs : nome le conseil d'administration qui nome par la suite le Directeur Général.

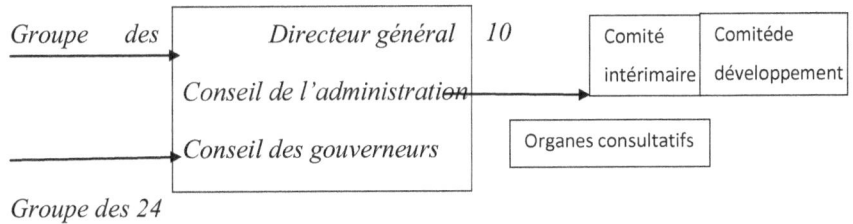

Groupe   des   *Directeur général* *10*   Comité | Comitéde
                         Conseil de l'administration   intérimaire | développement
                         Conseil des gouverneurs   Organes consultatifs

Groupe des 24

Chaque pays membre désigne un gouverneur plus un gouverneur suppléant.

Tous les pouvoirs de décision mentionnés dans les statuts comme étant au fond sont censés relever du conseil des gouverneurs, mais il peut déléguer un autre organe restreint : le conseil d'administration qui est un organe permanent responsable de la conduite des affaires courantes du Fonds et de la gestion de ses transactions.

Il a des pouvoirs budgétaires et administratifs étendus, mais aussi un rôle central dans la définition des politiques du Fonds aussi bien que leur application.

En plus, il supervise la consultation avec les pays membres, il a un pouvoir d'interprétation des statuts du Fonds en cas d'un désaccord avec un pays.

Il choisit également un Directeur Général qui ne doit faire partie ni du conseil d'administration, ni du conseil des gouverneurs qui préside les réunions du Conseil d'Administration.

Il y a 22 membres du Conseil d'Administration, il y a 15 administrateurs élus tous les 2 ans.

5 nommés par les pays qui ont le plus grand nombre de quottas : les USA, la GB, la France, la RFA et le Japon.

Deux autres nommés par la Chine en 1980 et l'Arabie Saoudite depuis 1985. Les autres sont nommés par le reste des pays en fonction des votes de ces pays.

Actuellement, ce troisième groupe est formé par les Pays Bas, l'Israël…….

Le Directeur Général : élu par le Conseil d'Administration.

Les organes consultatifs sont au nombre de deux internes du fonds sont créés non pas par les statuts du Fonds, mais par simple décision du Conseil des gouverneurs : Comité intérimaire et le Comité de développement.

Autres externes représentant des groupements les plus riches des pays membres : Groupe de 10 et Groupe de 24.

Le Comité intérimaire : a pour objet de fournir des avis, ou faire des rapports au Conseil des Gouverneurs pour l'aider à surveiller la gestion du système monétaire international et à prendre les mesures nécessaires en cas de perturbation qui risquait de mettre en danger le SMI.

Ce Comité reflète également une composition identique à celle du Conseil d'Administration.

Le Comité de Développement : représente à la fois le Conseil des Gouverneurs de la Banque Mondiale et du FMI, ses membres sont nommés par la Banque Mondiale et le FMI selon le même principe que le Comité intérimaire.

Il s'appelle le Comité sur le transfert des ressources vers les PVD et il propose des solutions aux pays défavorisés.

Ces deux Comités se réunissent deux fois par an avant le Conseil des Gouverneurs.

Les groupes 10 et 24 : sont externes au FMI, ce sont des groupes de pression cherchant à contrôler les propositions au sein du FMI et sur le plan international.

Le Groupe 10 réunit les pays membres qui mettent à la disposition du Fonds des ressources supplémentaires dans le cadre des AGE (accords généraux d'emprunts). Ce groupe exprime le point de vue des grands pays industriels sur l'organisation financière et monétaire internationale.

Parfois, on nomme ce groupe : G7 en faisant une coordination des intérêts des 7 pays riches.

Le groupe 24 : crée par la décision des pays du tiers monde, groupe 77, représente les pays de l'Afrique, de l'Amérique Latine, de l'Asie avec 8 membres de chaque continent.

Les objectifs des PVD sont pris en considération dans l'évolution et l'adaptation du SMI. C'est un groupe de contestation.

L'assistance financière du FMI repose sur la collecte des ressources (Quotes-parts et emprunts) et sur les mécanismes d'assistance.

La majorité spéciale est d'attribuer plus de 51% de voix (70 à 85%).

Exemple : Si un pays membre a été mis en cause, les majorités varient entre 70 à 85%.

Exemple de majorité bloquée : La CEE s'est opposée à la création de DTS car elle avait plus de 15% de majorité bloquée.

Pour bloquer une décision, il faut avoir plus de 15%.

*Assistance financière : L'article 1 du statut mentionne explicitement, la fonction d'assistance financière stipulant qu'il devra donner confiance aux membres en mettant les ressources générales du Fonds temporairement à leur disposition moyennant des garanties adéquates leur fournissant ainsi la possibilité de corriger les déséquilibres de leur balance de paiements sans recourir à des mesures préjudiciables à la prospérité nationale ou internationale.

Cette fonction est la plus développée depuis les origines et c'est elle qui intéresse le plus les PVD vu leur déficit de la Balance des Paiements.

-Les ressources propres du FMI :

1) les quottes – parts : sont constituées des quottes- parts et des souscriptions des pays membres, chaque pays membre doit verser une souscription égale à la quotte – part qui va lui être assignée.

Jusqu'à 1978, chaque pays membre devait verser 25 % en or et 75% en monnaie nationale.

L'accumulation de la quotte- part doit être versée dans la même proportion depuis les accords de la Jamaïque, l'obligation de versement a disparu, les statuts prévoyaient que les versements devraient se faire en DTS à hauteur de 25% et en monnaie nationale à hauteur de 75%.

Aujourd'hui quatre monnaies définissent la valeur de DTS (Yen, euro, Livre et dollar).

2) les emprunts : le Fonds peut accroître ses ressources d'emprunt en fonction des Etats membres, il n'existe qu'une seule restriction officielle des activités d'emprunt du Fonds, c'est le consentement du pays émetteur de la monnaie à l'octroi d'un prêt par lui-même ou par autres sources.

Le Fonds peut emprunter non pas auprès des organismes officiels (trésor, Banques Centrales des pays membres) ou non du Fonds, mais auprès des organismes privés des pays membres du Fonds aussi. La Banque Mondiale est le contraire, elle préfère lancer ses emprunts sur le marché financier.

La première vague d'emprunts remonte aux années 62 dans le cadre des AGE : emprunts consentis par un nombre de pays industrialisés membres.

Depuis 1964, la Suisse s'est engagée à cette vague d'emprunt. En 1983, les accords d'emprunts ont subi des modifications, le volume des emprunts s'est accru. Le taux d'intérêt est devenu flottant et devenu égal aux taux d'intérêt combiné des marchés des cinq principales monnaies.

L'Arabie saoudite s'est engagée à ces accords d'emprunts comme la Suisse.

Depuis 1983, les crédits AGE peuvent financer les tirages de n'importe quel pays membre qu'il fasse partie ou non du club de prêteurs.

La deuxième vague d'emprunt est de venir en aide aux pays souffrant de difficultés de leur balance de paiements dues au renchérissement du pétrole.

La troisième vague contractée pour alimenter le mécanisme de financement supplémentaire en 1979, le taux d'intérêt est variable et il est égal au rendement des titres fédéraux des USA, exemple : les bons de trésor américains.

La quatrième vague : dans le cadre de la politique d'accès élargi.

Le FMI continue à emprunter chaque fois que les besoins tendent à se concentrer.

Les mécanismes d'assistance : sur le plan juridique, le FMI n'est pas une institution de crédit, mais fournit aux pays qui ont fait la demande de la monnaie d'autres pays membres en échange de la monnaie nationale, la valeur totale des disponibilités reste inchangée, on parle de rachat, l'ensemble des commissions est fixé d'avance.

Le FMI repose sur le système de quota. On constate deux mécanismes :

Mécanismes permanents sur ressources ordinaires et mécanismes temporaires sur ressources empruntées. La comptabilisation de la monnaie nationale détermine les avoirs de crédit.

-Les mécanismes sur ressources ordinaires :

1- Les tranches de crédit : l'article 5 du statut détermine les tranches de crédit que peut faire un pays membre, l'achat proposé qui est un achat dans la tranche de réserve qui n'aura pas pour effet de porter les avoirs du fonds dans la monnaie du pays membre à plus de 100 % de sa quotte-part.

La tranche de réserve= 25 %. Si un pays prête sa monnaie, sa tranche de réserve >25%.

Si un pays emprunte dans d'autres devises, sa tranche de réserve<25%. Monnaie nationale= 75% et Tranche ordinaire= 25% DTS.

La tranche de crédit est une référence à 100% de quote-part qui s'ajoute à la part du pays.

Les achats dans la tranche de réserve sont automatiques et ne donnent pas lieu à un paiement de commission.

Ces achats constituent de véritables liquidités internationales.

En dehors de la tranche de réserve : un pays peut effectuer des tirages avec un plafond de 200 % de sa quotte – part. Les 100% constituent les crédits ordinaires avec 25 % de la quotte- part.

La première tranche est accordée sans condition. Les autres tranches sont assorties de conditions dans le cadre de procédure : accord de confirmation ou stand by agreement.

Stand by c'est une décision par laquelle le Fonds donne à un pays membre l'assurance qu'il pourra conformément à la décision d'effectuer des décisions au compte de ressources générales ou ordinaires dans une période spécifique jusqu'à concurrence spécifique.

Il s'agit de ligne de crédit qui doit se faire conformément à la décision qu'il a ouvert, càd il est soumis à des conditions strictes d'application de politiques économiques convenues avec les services du FMI.

Les tirages sont échelonnés dans le temps si un pays ne respecte pas la limite, on peut arrêter l'exécution.

Le paiement des commissions et l'achat de tirage doivent se faire dans une période de 4 à 5 ans.

2- Le mécanisme de financement compensatoire : crée en 1963, il a pour objet de fournir une aide supplémentaire à la disposition des pays membres, trois cas sont possibles :

- *Déficit d'export : chute des recettes d'exportation indépendante de la volonté des pays membres.*

- *Excédent d'import des céréales : facilité pour compenser la variation à la hausse des prix de céréales.*

- *Depuis 1969, ont été ajoutées les recettes provenant des voyages et des produits de transferts des travailleurs à l'étranger et du tourisme.*

Un maximum s'est ajouté de 25% de la quotte- part qui s'ajoute aux tranches de crédits ordinaires.

3-Le mécanisme de financement des stocks régulateurs : créé en 1969 pour financer la stabilité des prix des matières premières en facilitant le financement des stocks régulateurs.

Exemple de matières : l'Ethan, le cacao, le sucre et le caoutchouc naturel.

Les pays participants à ces accords peuvent bénéficier de ces stages avec une limite de 45 % de la quotte- part.

Une des caractéristiques c'est que la commission correspond aux tranches de réserves.

4-Le mécanisme d'accès élargi : les deux mécanismes répondent à des problèmes ponctuels ayant une durée courte et une cause bien identifiée.

Le quatrième mécanisme a vocation de résoudre des problèmes plus généraux et dans son aspiration se rapproche des tranches de crédit ordinaires.

Il a été créé en 1974 pour venir en assistance des pays membres pour une période plus longue et un montant très important.

Donc, il s'agit d'un élargissement de périodes et de tranches de crédits ordinaires. Ces crédits sont accordés moyennant d'une signature d'accord élargi à forte conditionnalité, il prévoit une durée maximale de trois ans et pouvant atteindre 40% de la quotte- part, mais ne s'ajoute qu'à la première tranche de 25%. Le montant total serait égal à 165%.

Les mécanismes d'assistance du FMI aux pays membres se distinguent en mécanismes temporaires sur les ressources empruntées et les mécanismes spéciaux.

Pour la première catégorie, on trouve :

1) *Le mécanisme pétrolier : le recours du FMI aux emprunts est lié aux demandes d'assistance des pays membres. Plusieurs mécanismes ont été crées depuis les années 70.*

Le mécanisme pétrolier a pris fin en 1976, son objectif est de répondre aux difficultés de la balance de paiement suite à la hausse de prix de pétrole, les déficits ont été tellement importants que les RO n'ont pas suffi et plusieurs pays étaient déficitaires. Deux mécanismes l'un en 1974 et l'autre en 1975. Les conditions sont faibles et l'engagement est coopératif.

2) *Le mécanisme de financement supplémentaire : a la même occupation que le précédent càd élargir les possibilités d'assistance financière par rapport aux quottes- part, cependant ses ressources n'étaient pas affectées à un déficit de régime particulier, mais à un besoin général de la balance de paiement et qui s'ajouterait à un mécanisme ordinaire ou élargi.*

Ce mécanisme permet de doubler les ressources obtenues par les membres dans le cadre de coopération : mécanisme élargi.

3) *Politique d'accès élargi : ce mécanisme a remplacé le précédent de 1979 à 1982.*

Ces particularités : assorties d'un taux d'intérêt variable reflétant les coûts d'emprunt d'argent.

Autres conditions : accordé dans le cadre de confirmation de la conditionnalité. Depuis 1984, il y avait révision des quottes- parts, le plafond est de 115%, le minimum est de 95% pour une durée de deux ans. L'augmentation des quottes- parts n'est pas encore entrée en vigueur.

Les nouvelles politiques :

4) La facilité d'ajustement structurel : (FAS) c'est un mécanisme au profit des Etats membres admis à solliciter un fonds fiduciaire.

Ces facilités sont utilisées pour appuyer un programme d'ajustement pour favoriser la croissance à LT.

L'avantage c'est que les prêts sont à très faible taux d'intérêt 0,5%. Les quottes parts sont de 47%, actuellement elles sont de 63% avec une durée de trois ans. Un an plus tard, on a créé une autre facilité d'ajustement structurel renforcée.

5) FAS renforcée : pour octroyer une aide supérieure à la précédente, un pays peut emprunter jusqu'à 250% de sa quotte part.

Cette facilité ressemble à la précédente, elle est un complément, ainsi un pays peut bénéficier des deux.

Il y a des critères de réalisation : si le pays ne respecte pas ces critères, on lui coupe la facilité.

6) Facilités pour imprévus : créées en Août 1988, si un pays doit faire face à la diminution de ses exportations ou à l'augmentation de l'importation des céréales. Cette facilité est associée à l'accord de confirmation ou à l'accord élargi.

Le maximum est de 70% de l'accord de confirmation ou de l'accord élargi. On a considéré que l'augmentation des taux d'intérêt était imprévue.

Pour ce qui est des mécanismes spéciaux :

-Comptes administrés par le Fonds ;

-Les DTS.

-Le compte général : comprend les ressources du Fonds et les comptes administrés pour financer les mécanismes spéciaux.

-Le compte bonification des mécanismes pétroliers : créé en Août 1975 et avait pour objet d'aider les pays gravement touchés par le renchérissement du prix de pétrole en finançant une partie de coût d'utilisation du mécanisme pétrolier sous forme de bonification d'intérêt financé par la Suisse et 24 pays membres.

-Le fonds fiduciaire créé en 1976 pour permettre d'acheminer vers les PED les bénéfices provenant des ventes d'or du FMI décidés à la suite de l'accord de la Jamaïque, le 1/6 du stock d'or a été vendu auprès du marché est le produit des bénéfices placés dans un fonds, une partie a été distribuée aux PED en fonction des quottes parts et l'autre a été prêtée à certains pays à taux d'intérêt très faible avec une maturité de 10 ans.

-Le compte bonification des mécanismes du financement élargi : créé en 1980 pour alléger le coût d'utilisation des mécanismes de financement supplémentaire pour les PED en versant des bonifications d'intérêt. Aujourd'hui, on continue à verser des intérêts.

Les DTS : ne sont ni les ressources du Fonds ni les crédits consentis par le Fonds, mais font partie malgré cela du système d'assistance financière du FMI en tant que ressources créées par le Fonds et mises à la disposition des pays membres, interviennent dans le cadre des mécanismes d'achat – vente de monnaie et ce n'est qu'une unité de compte et un moyen de paiement utilisé dans les transactions entre le Fonds et les pays membres.

Pour payer la tranche part, il faut la payer en DTS définis en or ou en dollar. 1 \$= 1 DTS, mais depuis les années 70, le dollar flottait et le DTS flottait également.

En 1974, le DTS est devenu défini selon un panier de monnaies de 16 pays dont les exportations sont ≥1% des exportations mondiales des B&S pour stabiliser le DTS.

Ce ci a duré jusqu'à 1986, on tenait après les pays à forte exportation mondiale.

Le DTS est une liquidité inconditionnelle contrairement aux DT ordinaires dans les mécanismes de crédit ou autres. Le DTS a un droit inconditionnel et il constitue les actifs échangeables immédiatement et sans conditions contre les actifs librement utilisables.

Le DTS allait devenir une monnaie internationale pour remplacer l'or et le dollar. Le DTS a été créé en 1969, mais ne représente que 4 à 5 % du montant de réserves internationales, ce ci est du au pouvoir du Fonds et des USA qui utilisent un droit de veto car si le DTS s'améliore le dollar perdra sa valeur. L'accroissement des quottes parts dépend des DTS.

Depuis le SMI a connu de profondes transformations, le problème est au niveau de codes monétaires, dans ce cas on distingue deux phases :

-jusqu'à 1971

-celle du dollar contesté.

Les critiques : c'est un système qui est injuste dans la mesure où il donne aux USA le privilège de régler leur déficit extérieur avec leur propre monnaie, pour les autres pays, en cas de déficit, il faut suivre une politique déflationniste.

Le système est à l'origine de multiplication de crédits aux USA et dans le reste du monde.

La création de crédit aux USA est gagée sur l'or, une partie de crédits sert à couvrir l'émission monétaire hors USA. Le système est un peu inflationniste et n'existe aucun mécanisme de freinage du déficit de la balance de paiement américain et des circulations monétaires internationales.

Le système est illogique puisqu'il subordonne l'offre de réserves et de liquidités internationales aux déficits de la balance de paiement américain.

Le système ne peut fonctionner que de manière instable. Or, il ne peut être que s'il ya une confiance au dollar pour cela, il faut avoir un faible déficit voir même un équilibre de la balance de paiement américain, mais cela est loin d'être vrai car la logique du système nécessite ce déficit et de ruiner le dollar. Plusieurs mesures ont été prises pour assurer la stabilité telle que la déclaration de non convertibilité du dollar en or et la création d'un système de change flottant.

En 1971, le président Nixon a supprimé la convertibilité du dollar en or. En 1976, le système de change flottant est devenu sans étalon (dé monétarisation de l'or).

Le régime de change flottant se caractérise par une certaine liberté et fait l'objet de controverse.

Il consiste à varier le taux de change librement sans l'influence de facteurs interdépendants quantitatifs et psychologiques.

Le premier met en valeur la théorie quantitative de la monnaie : offre et demande de devises dépendantes de l'état de la balance de paiement et des réserves de change.

Pour le facteur psychologique, il dépend des anticipations et de degré de confiance vis-à-vis des positions de la monnaie nationale sur le marché.

Pour certains auteurs, l'adoption du taux de change flottant a créé en période d'instabilité du marché de change des troubles commerciaux et monétaires.

En cas d'investissement : il ya hésitation de placer la monnaie sur le marché de change.

Les tenants de ce régime tiennent à comparer les coûts de fluctuations aux bénéfices supérieurs de l'adoption du taux de change flexible.

L'incertitude existera même avec un taux de change flexible, les Banques Centrales ont un rôle ici. La diminution du commerce international n'est pas du à ce régime, mais à d'autres facteurs tels que le protectionnisme et l'inflation.

L'impact sur les mouvements de capitaux à LT est négatif car il ya incertitude quant à la valeur et les taux d'investissements étrangers.

Seuls les investissements, évalués en monnaie étrangère et portant un intérêt fixe sont sujets à perte en situation d'inflation.

Cela veut dire que le taux de change flottant sera positif pour la monnaie nationale et pour l'achat d'actifs à revenu variable pour éliminer l'effet de l'inflation.

Pour les tenants de taux de change flexible, le SMI est soumis au même danger que le taux de change fixe : inflation, protection et dévaluation.

Chapitre 2 : <u>L'organisation de change</u>

Le contrôle e change est une action directe ou autoritaire de l'Etat tant sur l'offre et la demande de devises étrangères que sur le niveau de taux de change. Ce contrôle a été inauguré en 1926 en Russie, il est appliqué pendant les années 30 par l'Allemagne Hitlérienne. Aujourd'hui avec le retour de la convertibilité de la monnaie des pays capitalistes industrialisés et caractérise fortement les PSD et certains pays planifiés socialistes (Chine et Vietnam).

I-   <u>***Les objectifs***</u> *: sont multiples et divers :*

1) *La défense du change national : menacée de dépréciation à la suite de sortie massive de capitaux. Au Maroc, devant la fuite de capitaux, il ya une sortie de devises en 1981, en France, il y a eu un contrôle de change.*

2) *2) La promotion de l'industrie nationale : pour protéger l'industrie locale.*

3) *3) Le maintien de l'équilibre de la balance des paiements qui risque d'être compromis par une grave récession à l'étranger, càd en cas de récession à l'étranger, le pays cherche à importer non pas seulement des B&S, mais aussi du chômage.*

4) *La recherche de l'autarcie en vue d'objectifs aussi divers qu'une politique de croissance autonome et de préparation à la guerre.*

II- *Les techniques de change :*

La réglementation de changes variables selon la densité de change. A l'intérieur du pays, il existe soit un office de change, soit une autre institution ayant le monopole de l'achat et de la vente de l'or monétaire et de devises étrangères et toutes les opérations d'achat et de vente sont réglementées.

La réglementation des B&S et des mouvements de capitaux : à l'importation des B&S, il ya distribution autoritaire des devises selon des critères définis en fonction de la politique de développement et des réserves de change.

Au Maroc, on a appliqué la politique de licences, mais son intégration dans le GATT lui a amené à adopter le libre échange.

Pour les autres pays, on a un monopole public du commerce extérieur qui se voit attribuer l'autorisation annuelle d'importer certains produits.

A l'exportation de B&S, il y a obligation de rapatriement des devises provenant des recettes d'exportation et de cession de devises.

Le tourisme à l'étranger, les sommes obtenues par les nationaux sont limitées.

L'exportation de capitaux par les résidents est confrontée à une interdiction absolue ou une limitation.

Les investissements directs à l'étranger agréés par le pays d'accueil ont un statut spécial qui stipule le rapatriement vers le pays d'origine de tout ou partie du capital et des bénéfices réalisés.

L'importation des capitaux, il existe une autorisation préalable pour contrôler le niveau d'importation extérieur lorsqu'il s'agit d'opérations d'emprunt, mais pour le reste, ils veulent encourager l'importation des capitaux.

L'investissement à l'étranger, le revenu de capitaux placés ou investis à l'étranger, le rapatriement et la cession de devises est généralement obligatoire.

Pour l'or monétaire, il y a prohibition sauf pour les organismes ou les entreprises autorisées.

Vis-à-vis de l'extérieur, le taux de change est fixé par les pouvoirs publics. Au Maroc, c'est l'office de change. Cependant, il y a plusieurs systèmes de taux de change et le premier système c'est celui du taux de change unique qui peut être soit fixe ou flexible.

Pour le marché de change fixe, il doit y avoir un marché noir : c'est le cas du dinar algérien.

Il existe un autre système de change double qui se caractérise par un taux de change officiel et un taux de change libre.

Dans le système de change double, dans le secteur de change fixe, on cherche à décourager les importations traditionnelles ou encourager les exportations traditionnelles.

Dans le secteur de change libre, on trouve le transfert des profits des entreprises étrangères en décourageant les exportations de profit et en encourageant les exportations de biens manufacturiers.

Les importations non essentielles : on cherche à encourager l'importation de capitaux étrangers. Le système de change double peut encourager la fraude pour fabriquer les pièces des documents dans le marché de change.

Le taux de change multiple : c'est le même principe que le taux de change double, mais il dépend de la catégorie de transaction.

Le taux de change multiple est utilisé par une cinquantaine de pays, le reste applique le taux de change unique.

Dans le taux de change multiple, on subventionne la transaction et on taxe les importations.

Les relations commerciales au sein d'accords :

-accords de troc : ces accords consistent à échanger des biens équivalents, leur solde est non réglable en devises. Ils ne sont pas très populaires et utilisés entre des pays socialistes et des pays SD. En Algérie et au Japon afin de promouvoir les exportations de pétrole, on négocié avec Honda.

-accords de paiement : constituent une ouverture de crédits réciproques entre deux pays pour une période donnée et à taux de change déterminé et fixe.

Les crédits servent à financer les échanges déséquilibrés, mais au-delà de la limite   de crédit, le solde de crédit doit être payé en devises convertibles.

-accords de liste : il s'agit d'accords bilatéraux déterminants une liste de contingents d'importation de part et d'autres.

Chaque pays accorde des licences d'importation correspondantes aux exportations autorisées par le partenaire.

Dans la négociation de ces accords, chaque pays utilise ses produits non essentiels pour acquérir des produits essentiels.

Dans ces accords, il n'y a pas de solde, on cherche à équilibrer l'échange.

-accords de compensation ou de clearing : sont des accords bilatéraux, les importations et les exportations entrent par l'intermédiaire des offices de change ou des Banques Centrales (exemple d'accords entre le Maroc et l'URSS sur l'exportation de produits de pêche et de phosphate en équipant ces deux secteurs par l'URSS et en contrepartie financer l'acquisition des produits par le Maroc)

III-*Les conséquences du contrôle de change :*

Il faut parler de conséquences positives et négatives. Les aspects négatifs du contrôle concernent :

-Ajustement des importations et des exportations qui réduit les possibilités de stabilisation de change en limitant les importations, ce qui peut ralentir le développement.

-Le contrôle des flux de capitaux à la sortie : risque d'effrayer les éventuels investisseurs d'où l'application des codes d'investissement.

-Le contrôle de change peut favoriser une politique monétaire et financière laxiste qui conduit à l'inflation domestique et à la surévaluation de la monnaie nationale, d'où l'existence d'un marché parallèle qui favorise la fuite de capitaux.

L'adoption du libéralisme pourra contrecarrer les dilemmes du contrôle de change, cependant ce libéralisme nécessite l'existence de diverses devises.

Chapitre3 :   Le fonctionnement du marché de change

Les transactions internationales posent le problème de la convertibilité de monnaies entre elles car les créanciers désirent être payés par la monnaie de leur pays et ce sont des opérations de change qui permettent la conversion d'une monnaie dans une autre monnaie. Il y a deux types de convertibilité :

-Convertibilité en Or : supprimée aujourd'hui.

-Convertibilité en devises qui peut être interne, générale pour les résidents et les non résidents. Elle peut être externe et s'appliquer aux non résidents.

Au Maroc, on a une convertibilité externe et non interne.

Une opération de change consiste à échanger deux monnaies nationales différentes on parle d'opérations de sur devises étrangères qui peuvent porter sur des avoirs en banques, des titres de créances libellés en monnaie étrangère (chèques, billets à ordre, lettres de change.....).

Le taux de conversion d'une monnaie dans une autre s'appelle le taux de change et présente la quantité de monnaie étrangère qu'on peut obtenir contre une unité de monnaie nationale.

Le taux de change se fixe sur le marché de change selon l'offre et la demande.

I-   Le marché de change :

C'est le marché sur lequel, on achète des instruments de règlements valables à l'étranger contre la monnaie nationale et inversement, ce sont les banques qui organisent les transferts entre des espaces différents.

Lorsqu'on parle d'agents de change, on en désigne trois types :

-Agents non bancaires : qui donnent des ordres aux banques, ordres de clientèle pour l'achat et la vente de devises (entreprises qui donnent l'ordre à leur banque), ce sont surtout les grandes entreprises cherchant à avoir le meilleur taux.

-Agents commerciaux : intermédiaires obligatoires ou agréés sur toute opération pour devises, ils gèrent le marché où ils interviennent soit pour satisfaire les besoins de leur clientèle, soit pour leur propre compte pour obtenir des informations suivies sur leur marché, de répondre efficacement à leur demande ou de prendre des positions (avoir ou céder des devises).

Position de change= devises détenues+ devises à recevoir- devises à céder.

-Les autorités monétaires : on parle de Banque Centrale et d'office de change, intervenant sur le marché de change au profit de leur clientèle du secteur public ou pour contrôler et écrêter

Les fluctuations des cours de la monnaie nationale par rapport à certaines devises ou pour réglementer les opérations de change.

II-*Les objectifs des opérations de change :*

Trois objectifs à signaler :

1) *L'objectif de transaction : Les agents de change interviennent à l'occasion de transaction de B&S entre un résident et un non résident en cas de transaction, on a un contrat pour préciser deux choses, le délai à respecter entre la livraison du bien et le règlement de leur prix et d'autre part les monnaies de règlement et de facturation.*

La monnaie de facturation et de règlement :

La monnaie de facturation est une unité de compte pour exprimer le prix de la marchandise vendue, elle peut être soit la monnaie nationale du vendeur ou de l'acheteur ou toute autre monnaie car il y a un risque de change dont la partie n'a pas été choisie comme monnaie nationale de facturation, c'est l'histoire de facturation de change.

La monnaie de règlement : son choix détermine celle de deux parties qui ont la charge matérielle de l'opération de change.

Exemple *: Cas d'exportation marocaine : la monnaie de règlement est celle marocaine.*

Les risques sont tellement importants, opérations de couverture de change pour annuler les risques encourus de change contre les fluctuations dues au choix du délai et de la monnaie.

2) *L'objectif de rémunération : Ces opérations de change sont liées aux opérations de règlements financiers telles que les investissements directs ou les placements en portefeuilles liés à la variation de taux d'intérêt sur les différentes places étrangères.*

3) *L'objectif de spéculation : ces opérations sont effectuées par divers agents économiques particuliers (entreprises, banques y compris la Banque Centrale) en fonction de leur anticipation quant à la variation du taux de change(spéculation, recherche d'une amélioration de taux de change).*

Ces mouvements ont connu une ampleur depuis l'adoption du change flottant car il y a plus d'opportunités et ces opérations peuvent aussi mettre en danger l'équilibre économique interne.

III - _Les techniques de change_ :

Il y a différentes opération s de change manuel et de change scriptural.

Le change manuel résulte de la confrontation de l'offre et de la demande sur les billets de banque, les cours de change manuel sont supérieurs à ceux du change scriptural.

Le change scriptural est utilisé par les entreprises et les banques, le taux est moins élevé car il n'y a pas beaucoup de frais engagés.

Les opérations de change s'effectuent à travers deux comptes :

-Comptes Nos tri, sont des comptes que les banques résidentes d'un pays détiennent dans livres des banques non résidentes, les comptes sont libellés dans la monnaie du pays d'accueil.

-Comptes Vos tri, sont des comptes des banques non résidentes gérés par les banques résidentes.

Les opérations au comptant : sont des opérations de change scriptural, elles consistent à acheter ou à vendre une devise à coûts déterminés pour un règlement dans 48 heures, au delà de 48 heures, on parle d'opérations à terme.

Le déroulement sur le marché de change peut être composé sur plusieurs étapes.

-Opérations au niveau des banques : les cambistes de chaque banque effectuent dans le cadre de compensation des offres et des demandes de devises.

-Opérations sur la place nationale : lorsque les demandes l'emportent sur les offres, les cambistes font appel aux marchés interbancaires afin d'éviter les risques de rester dans la position de change.

En principe, chaque banque doit atteindre en fin de journée une position de change nulle, elle doit s'efforcer de trouver sur le marché interbancaire une offre de devises correspondante à sa demande nette, cela se fait par téléphone ou par télexe.

Les opérations sur l'ensemble des places internationales : la confrontation des cambistes peut s'adresser aux places étrangères dont les cours pouvaient être plus avantageux.

L'égalisation se fait grâce au système d'arbitrage qui est un système bilatéral quand il met en communication deux marchés relatifs à deux devises ou multilatéraux quand ils mettent en place plusieurs communications de plusieurs devises.

Les opérations à terme consistent à acheter ou à vendre des devises, la livraison et le paiement peuvent intervenir à un terme et à coût fixe au moment du contrat. L'objectif est de couvrir le risque de change ou le risque spéculatif.

Pour le premier objectif, l'achat à terme permet à l'importateur de se prémunir contre la hausse des cours en fixant la contrepartie en monnaie nationale d'une dette en monnaie étrangère non encore exigible.

Pour le vendeur, la vente à terme permet à l'exportateur de connaitre la contrepartie d'une créance de monnaie étrangère et d'éliminer la baisse des cours entre la date où sa créance est née et la date de règlement.

Le deuxième objectif : spéculation, donc anticipation de la fluctuation des cours, si l'anticipation est fausse, on aura une perte.

Le marché à terme n'est pas un marché localisé car les opérations se créent par téléphone, télexe ou fax.

Les partenaires de ce marché sont les banques nationales ou internationales qui doivent couvrir les ordres de leur clientèle ou chercher à améliorer, en modifiant le portefeuille de leurs placements, la rentabilité de leur trésorerie en devises et en monnaie nationale.

On utilise dans ce marché des cours et des techniques différents.

La cotation à terme : toutes les monnaies ne sont pas cotées à terme, dans la cotation, on peut avoir un report ou un déport.

Une devise cote un report quand son cours en monnaie nationale est plus élevé à terme qu'au comptant.

Quand la différence est positive, on dit que le cours fait prime et quand le cours à termer est inférieur à celui au comptant, on dit que le cours fait perte. La différence entre les deux cours s'appelle :

Le différentiel de change : $de = rt\text{-}ro/ro \times 360/T$

$T =$ *durée du contrat*

La notion de différentiel d'intérêt mesure la différence entre le taux d'intérêt domestique et étranger. $Di = |\ id\text{-}ie|$.

Le taux à terme et au comptant dépend du niveau d'intérêt sur le marché international de la devise et des cours comptants.

Supposons que le report sur le dollar /£ est de 0.19 dans une période de 3 mois. Le cours au comptant est de 6.55 donc de=11,42%.

Le de dépend de marché de change et de marché de capitaux.

On a deux techniques de change :

-prêts ou dépôts en blancs, lorsqu'une banque reçoit l'ordre de la part de l'entreprise pour acheter du dollar contre la Livre sterling, elle peut acheter ou emprunter les dollars en même terme que l'opération à financer.

Les swaps : ce sont des facilités de crédits entre banques, on a ici un échange de monnaie, les parties possèdent un échange inverse.

On peut avoir des swaps entre des banques commerciales, des Banques Centrales et des Banques Centrales et commerciales.

Opérations à terme : arbitrage et spéculation, les opérateurs réalisent des arbitrages pour employer leurs ressources de trésorerie en monnaie nationale et en devises.

On a trois types d'arbitrage :

Arbitrage spécial : résultant d'écart entre le taux à terme de deux devises sur deux places indépendamment des cours au comptant.

Arbitrage dans le temps consiste en l'achat d'une devise à CT sur une place et sa vente à LT sur la même place ou sur une autre place.

On peut imaginer la vente à CT et l'achat à LT, l'arbitrage est d'échéance.

Arbitrage de taux d'intérêt consiste à remplacer des avoirs rapportant un taux d'intérêt faible sur une place par d'autres avoirs assurant une rentabilité plus élevée sur une autre place.

__Exemple__ : supposons qu'on a deux pays A et B qui offrent pour un placement à trois mois un rendement de 10% pour B et pour A de 8%, le cours à terme de chaque monnaie = cours au comptant.

On peut avoir si le cours de la monnaie à terme pour B est > à celui au comptant, le bénéfice sera au profit du pays B= 2%.

De même, si le cours de la monnaie pour le pays A à terme est en perte par rapport à son cours au comptant, l'arbitrage se placerait du côté B d'une valeur supérieur à 2% +% de déport.

Si le cours à terme faisait également 2% de la prime par rapport au comptant, le bénéfice d'arbitrage doit se décider en fonction d'autres critères car de= di.

La spéculation admet le risque et surtout dans le marché à terme. C'est un comportement économique résultant de l'évolution du taux de change au comptant.

La spéculation entraine des pressions sur le marché de change, soit en augmentant l'achat de devises quand la valeur anticipée du taux de change au comptant est supérieure à celle du taux de change à terme ou soit en augmentant la valeur de devises quand la valeur anticipée du taux au comptant est inférieure à celle du taux à terme.

La gestion du risque de change est un élément de la gestion financière de l'entreprise ayant pour objectif de minimiser les différences susceptibles d'affecter les faits des variations des cours de change des monnaies étrangères, d'affecter le patrimoine ou les revenus de l'entreprise libellés en monnaie étrangère.

L'évaluation du risque de change selon que les cours de change varient de façon continue aux formes du marché ou de façon discontinue à la suite de l'intervention des autorités monétaires. Une fois qu'on a évalué les risques, il y a plusieurs attitudes possibles par rapport au risque de change.

Première attitude : éviter le risque ou le réduire.

Deuxième attitude : couvrir le risque de change.

Troisième attitude : tirer profit du risque de change, càd de la spéculation.

Les deux premières n'acceptent pas le risque comme donnée et fatalité. Le troisième accepte le risque comme donnée et en tire profit.

Dans la première attitude, il ya la technique d'assurance utilisée en particulier par les exportateurs pour s'assurer contre le risque de change, ils prévoient une police d'assurance pour s'en protéger.

Il y a beaucoup de clauses pour le contrat d'assurance pour gérer le risque de change, le contrat doit être libellé en devises étrangères, à moins d' un an et doit manipuler des éléments de la position de change.

Ils portent sur deux techniques :

-Le jeu des leads and legs (avance et retard) ;

-Le jeu de couverture à terme.

La première technique intervient dans le règlement des créances commerciales et résulte du comportement des exportateurs et des importateurs.

Les importateurs et les exportateurs peuvent opérer des décalages dans leurs opérations monétaires liées au règlement des achats et des ventes à l'étranger par rapport au déroulement habituel de ces opérations.

Soit être payé d'avance, soit en retard par rapport au déroulement habituel de ces opérations, il dépend des anticipations quant à l'évolution de la valeur des devises concernées par leurs opérations.

Par exemple : si on prévoit une baisse du taux de change au comptant de la monnaie nationale, les exportateurs vont retarder le plus possible le rapatriement des devises, quant aux importateurs ils essayent de se procurer le plus possible les devises pour régler leurs opérations.

En cas de hausse du taux de change, le raisonnement est inverse.

La deuxième technique : il ya toujours action, soit sur la valeur des créances, soit sur la valeur des engagements.

La couverture de l'opération commerciale peut être effectuée par l'entreprise qui peut par un contrat conclu avec un banquier, obtenir que la banque s'engage pour une échéance future précise. :

-soit à acheter à l'entreprise exportatrice des devises que celle-ci doit réunir de l'étranger.

-soit mettre à la disposition de l'entreprise importatrice des devises destinées à régler une dette à l'étranger pour couvrir les recettes d'exportation et les dépenses d'importation à l'échéance.

Soit l'entreprise importatrice :

Te : 1$= 1,5 DH

Si à l'échéance, e= 1.6 DH/$.

L'entreprise passe un contrat avec une banque, les contrats de couverture assurent intégralement contre le risque de change des devises à recevoir et à payer à une date future

Les frais sont payés dès l'origine en égard des variations éventuelles de leurs cours en capital.

La couverture à terme peut concerner les opérations :

- *Couverture d'actifs hedguing (endiguement) : c'est une opération de couverture d'un actif réel ou financier, il y a portefeuilles, des titres étrangers qui nécessitent la couverture du risque de change.*

IL existe chez les grandes entreprises, les départements financiers des entreprises disposent d'un système pour s'assurer contre le risque de change, il leur permet d'affecter un coefficient de risque de change pour effectuer la conversion d'actifs.

- *Un opérateur disposant de créances nettes en une monnaie susceptible de se déprécier se couvre contre le risque par une vente à terme*

A l'inverse, les dettes nettes d'une opération dans une monnaie susceptible de s'apprécier sera couverte par un achat à terme.

Le propriétaire de l'actif qui utilise le hedguing a un comportement isolé, alors que les spéculateurs ont une attitude collective. Les Hedguings ressemblent aux spéculateurs.

En France, le hedguing n'est acceptable qu'aux opérations réelles, il est interdit aux opérations financières. Les hedguings demandent des technicités élevées pour percevoir les tendances de l'évolution du taux de change.

S'il y a une mauvaise gestion d'où la faillite de plusieurs banques (RFA, la France, la GB). S'il y a problème d'intégrité de portefeuilles : fraudes, fuite....

Attitude défensive : à ne pas jouer sur le risque de change (assurance).

Attitude agressive : spéculation sur le marché.

IV-   *La gestion du risque de change :*

Pour gérer le risque de change, il est nécessaire d'avoir une idée sur le régime de change (libre, contrôlé ou administré) et sur la nature de cotation.

On parle ainsi de la cotation certaine ou incertaine.

La cotation à l'incertain exprime en monnaie nationale la valeur d'une unité de monnaie étrangère ou 100 ou 1000(c'est le cas de la cotation au Maroc).

1, 100 ou 1000 unités s'appelle la base et la quantité de monnaie nationale s'appelle la cote.

La cotation au certain est à l'opposé, c'est le cas de la cotation à Londres.

Les techniques de gestion du risque de change peuvent être présentées de la façon suivante :

a- L'arbitrage

L'arbitrage est une technique de gestion du risque de change qui consiste à acheter la devise sur une place pour la vendre sur une autre pour la réalisation du gain contre des frais et des commissions.

Par exemple :

A paris :   1DH = 0,8 €

Au Maroc : 1€ = 2DH

Quel est le gain d'une opération d'arbitrage de 20 000 DH ?

L'achat des euros devra s'effectuer à Paris pour avoir 20 000 ×0,8= 16 000 €, puis il faudra céder les euros contre dirhams au Maroc pour collecter 16 000× 2= 32000 DH et par là le gain financier de cette opération sera la différence entre 32000 DH et 20 000 DH, soit une somme de 12 000 DH.

b-La couverture à terme :

Sur le marché de change, les opérateurs économiques peuvent contrecarrer la perte de change en achetant ou en vendant des devises, sur la base du cours comptant, mais pour un règlement ultérieur allant d'un mois à un an.

Un exportateur a intérêt à fixer le prix actuel sur le contrat devant une anticipation à la baisse de ce prix, c'est à dire devant une dépréciation de sa créance.

Contrairement à l'exportateur, l'importateur éprouve la même attitude devant l'appréciation de sa dette.

Supposons qu'une entreprise marocaine d'importation d'automobiles, veut se couvrir contre le risque de variation du dollar canadien ($C), monnaie de règlement de son fournisseur canadien.

La technique de couverture, dans ce cas, porte sur la demande de 1000$C (prix des marchandises) auprès de la banque le 1-6-2013, pour un règlement après 3 mois, selon le cours 1$C = 8,6 DH.

Le banquier cherche lui aussi la couverture, mais il va appliquer la couverture au comptant par le biais du marché monétaire. Cela consiste à acheter au comptant les 1000 dollars canadiens sur le marché des changes et payer la contrepartie en DH (8600 DH).

Cette somme peut provenir d'un emprunt (dépôt de la clientèle), dans ce cas le banquier est tenu de rembourser l'emprunt au bout de 3 mois. Pour en profiter, le banquier placera les 1000$C sur le marché extérieur.

Le 31-8-2013, le montant encaissé sera de 1000$C + intérêt trimestriel et loin des restrictions réglementaires, l'équilibre du marché est assuré, ainsi la somme reçue égalisera la somme versée.

1000$C + intérêt / 1000$C + 8600 DH + report = 1000$C + 8600 DH + intérêt / 8600 DH.

➔ *Intérêt 1000$C + report = intérêt 8600 DH*

Le report = intérêt local – intérêt étranger

---

*Si le taux au Maroc est de 6% et qu'il est au Canada de 5%, l'acheteur supportera un report de : **8600 (6-5) × 3/12 = 21,5 DH***

*Ajouté aux commissions sur achat et sur vente (de 2‰), le report total est de : 21,5 + 34,4 DH = **55,9 DH**. Sur une unité de dollar, le coût est de 0,05559 DH.*

Le report est :

Valeur en DH x (intérêt local   x n- Intérêt étranger)

Cette technique peut être adoptée par un importateur ou un exportateur.

Un importateur peut acheter au comptant les devises, les placer jusqu'à l'arrivée de l'échéance et les céder à son fournisseur. De même, un exportateur peut acheter (par emprunt) les devises, les vendre contre la monnaie nationale et placer la monnaie nationale.

c- La spéculation :

C'est la technique qui vise à tirer un gain de l'opération de change, à l'opposé de la couverture à terme.

La spéculation consiste à placer les devises auprès d'un intermédiaire financier, jusqu'à l'augmentation du cours pour procéder après à la cession contre devises.

Il en découle que deux éléments déterminent le gain de la spéculation : le taux d'intérêt et le taux de change.

Une entreprise marocaine a exporté sa marchandise à 100.000 €, sachant que 1€ = 2 DH, le taux d'intérêt au Maroc = 8% et celui en France = 7% sur 3 mois.

La spéculation peut se faire selon deux modalités.

La première possibilité est de garder les 100.000 €, sous forme de dépôts en France et les céder après contre DH. La valeur acquise dans 3 mois = 100.000 + 100.000 x 3 x 7/1200 = __101.750 €__. Puis convertir la somme en DH, la valeur reçue est donc __203.500 DH__.

La deuxième possibilité est de convertir directement les 100.000 € en DH sur le marché marocain et donc avoir 100.000 x 2 = 200.000 DH. Après déposer 200.000 auprès d'une banque marocaine à 8%, la valeur acquise serait : 200.000 + 200.000 x 3 x 8/1200   = __204.000 DH__

C'est la deuxième modalité qui est plus bénéfique, mais ce gain n'est réalisable que si le taux de change préserve sa stabilité. Dans le cas contraire, le résultat serait différent.

d- Le marché de «futures» des devises ou de contrats à terme :

Il s'agit là d'un engagement d'achat ou de vente de devises, à prix et à date fixes, contre   le versement d'un dépôt de garantie à la chambre de compensation.

Le contrat sur le «future» est acheté par un opérateur auprès d'un autre et chaque opérateur intervient par le truchement de sa société de courtage (broker).

Quotidiennement, la chambre de compensation calcule la situation de chaque intervenant, fait des appels de dépôts complémentaires (maintenance margin) aux opérateurs perdants et crédite le compte des gagnants (mark to market).

Un opérateur peut revendre le contrat en ayant un solde déterminé selon l'évolution des cours. L'achat d'un contrat «future » peut couvrir le risque de hausse ou de baisse de la valeur de la monnaie.

Un exportateur marocain a vendu, par exemple, des tapis à son client américain le 1-1-2013 à 20.000$ pour un règlement le 31-3-2013 ; l'exportateur marocain procède à l'achat des contrats de $ à 4.000$, dont le cours est de 9,2.

*La première étape de cette technique, consiste à vendre les contrats de $ à 9,2 contre un dépôt de garantie et pour un nombre de 20.000/4000 = 5. Le montant du contrat est : **4000x 5x 9,2= 184.000 DH.***

Le cours au bout de 3 mois peut évoluer, S'il se fixe à 8,9, l'exportateur rachètera les contrats à 5 x 4000 x 8,9 = 178.000 DH. Ce qui donne un gain de 6000 DH. La somme finalement reçue est 20.000 x cours au comptant + 6000.

e- Le marché d'option de devises :

L'option de devises confère à son détenteur, le droit d'achat ou de vente des devises à prix et à temps définis, contre une prime payée au comptant parallèlement au risque encouru.

Nous distinguons deux sortes d'options : l'option d'achat ou « call » et l'option de vente ou « put ». L'acheteur de l'option d'achat de devises a le droit d'achat de devises à un prix, dit prix d'exercice.

L'acheteur de l'option de vente, quant à lui, a le droit de vendre les devises à l'échéance. Quant au vendeur d'option, il s'engage à acheter ou vendre les devises selon l'attitude de l'acheteur. Nous pouvons indiquer deux marchés optionnels :

le marché organisé ou le marché de gré à gré (hors cote).Une option peut procurer un gain, nous disons qu'elle est dans la monnaie (in the money), si elle procure la perte, nous disons qu'elle est hors monnaie (out of the money) et si le résultat est nul, l'option est dite à la monnaie (at the money).Le profit de l'option d'achat dans le cas de son achat est : **_le cours comptant- le prix d'exercice- la prime._**

Pour l'acheteur de l'option de vente, le profit est: **_le prix d'exercice- le cours comptant- la prime._**

Nous donnons à titre d'illustration, un exemple de couverture sur l'importation par l'achat d'une option d'achat.

Un importateur marocain a importé des machines de la grande Bretagne à 50.000 livres sterling (£) et au bout de 3 mois, il doit régler son achat. Le cours actuel est 1£ = 6,3 DH. Pour se couvrir contre le risque de hausse de la livre, l'importateur marocain achète une option d'achat auprès de sa banque, à une prime de 2% pour un prix d'exercice de 6,3.

L'importateur doit payer immédiatement 50.000 x 6,3 x 2% = 6.300 DH. A l'échéance, trois cas peuvent se présenter :

- La livre s'apprécie, dans ce cas l'importateur exerce son option en payant : 6300 + 50.000 x 6,3 soit 321.300 DH.

*- La livre se déprécie à 6, l'importateur cède l'option et achète au comptant contre la prime déjà payée, la somme payée = 6300 + 50.000 x 6 = **306.300 DH.***

- La livre reste stable, l'importateur peut céder ou non l'option.

Dans le cas contraire d'exportation, l'exportateur achète une option de vente des devises. Un exportateur marocain a vendu des biens à son client étranger à 50.000£, il bénéficiera de la somme en DH après 3 mois. Il craint la chute de la livre, pour cela qu'il achète l'option de vente à 6,3 pour une prime de 2%.

Trois situations encore sont possibles :

- *Si la livre s'apprécie, l'exportateur n'exerce pas l'option.*

Supposons que 1£ = 6,8 DH après les 3 mois.

*Dans ce cas, l'exportateur vendra les £ sur le marché à 6,8 et reçoit 50.000 x 6,8 – prime, soit **333.700 DH***

- Si la livre se déprécie, l'exportateur exerce l'option et reçoit 50.000 x 6,3 – prime = 308.700 DH.

- *Si la livre reste stable, c'est l'indifférence.*

Le marché optionnel permet certainement une couverture contre le risque de change, mais à coût plus élevé que celui du terme. Différents types d'option ont surgi sur la scène financière internationale :

- *L'option à terme participatif qui n'autorise qu'un gain partiel à l'entreprise.*

- *L'option à barrière qui fixe le cours de la devise au-delà duquel, la couverture ne serait pas assurée.*

- *L'option sur moyenne dont le prix égalise la moyenne des cours durant la période optionnelle.*

f- Les swaps de devises et de taux :

C'est une opération sans risque car le retrait d'une partie dispense l'autre.

Admettons que l'entreprise A ait contracté un emprunt de 100.000 dollars pendant 3 ans au taux de 5%, mais elle désire swapper sa dette, libellée *en dollars contre une dette, libellée en € (c'est à dire échanger sa dette en $ contre une dette en €).*

Sur la base de 1£ = 6 €.

> *Taux d'intérêt / € = 7%*
>
> *Taux d'intérêt / $ = 5%*

Trois engagements à citer :

1- **Sur le principal** : *l'entreprise A cède les 100.000 $ à l'entreprise B contre 600.000 €*

2- **Echange des intérêts** : *à chaque échéance, les deux contreparties doivent verser réciproquement des intérêts. A verse pour un taux d'intérêt de 7% sur 3 mois, un intérêt de 600.000 x 7 x 3 /1200 = 10.500 €. Et B verse 100.000 x 5 x 3 /1200 = 1250$*

3-**Remboursement de la charge du capital**

A verse 600.000 € et B verse 100.000 $.

D'autres techniques sont adoptées par les entreprises par l'intermédiaire des assurances, par l'établissement des contrats de devises, en fonction de la nature de l'opération (exportation ou importation) et de la durée.

Pour le cas marocain, la mise en place du marché des changes le 3 juin 1996 a permis l'éclosion des techniques de gestion du risque, telles que le terme (allant de 1 mois à 12 mois), le swap (maximum 1 an), le dépôt, le comptant et l'arbitrage.

Il reste à signaler que le champ d'application de ces moyens reste limité. En effet, seules les banques et certaines entreprises à gestion multidevises sont autorisées à bénéficier des dépôts en devises.

Cette situation peut être expliquée par la nouveauté de ces techniques, par la méconnaissance des mécanismes du marché des changes et aussi par la rigueur de la réglementation de change.

Ajoutons que les techniques appréhendées pour la gestion du risque ne sont pas facilement applicables, elles dépendent du domaine d'exercice, de la capacité de gestion de l'entreprise et de son pouvoir de prévision.

V-   *Etude de cas : Maroc*

Même après la création du marché de change en 1996, l'application des techniques de la gestion du risque de change demeure limitée.

En effet, les banques marocaines, opéraient dans le cadre d'un marché fermé, car elles ne pouvaient pas spéculer avec leurs filiales et succursales et les banques étrangères.

L'échange de devises est réalisé entre les banques et entre les banques et la clientèle. On parle d'un marché interbancaire.

Les banques sont, de même, tenues de placer l'excédent des opérations d'achat et de vente en fin de journée, auprès de Bank Al- Maghrib, ce qui témoigne de l'étroitesse du marché des changes au Maroc.

Les techniques de change externes à l'entreprise sont offertes par des établissements, intégralement représentés par les banques qui permettent de réaliser les opérations commerciales et financières depuis la date de conclusion du contrat jusqu'à l'échéance.   A ce niveau, la banque joue un double rôle : celui du contrôleur, par exécution des ordres des autorités monétaires et celui de gestionnaire.

Conclusion :

Les relations monétaires internationales et les opérations de change et qui prennent plusieurs formes : la forme de change manuel, la forme du change scriptural et la forme de dépôts de devises ou de trésorerie de devises, obéissent à des normes règlementaires nationales et aussi internationales.

Aujourd'hui, en vertu de la mondialisation du système économique, il s'avère nécessaire de s'aligner sur les normes internationales pour toutes les entités commerciales et financières afin d'éviter le risque de crise financière mondiale.

L'histoire a montré qu'un crash financier n'est pas facile à jongler car ses effets dépassent le cadre du territoire national.

A ce titre les instances internationales, le FMI et la Banque Mondiale, responsables de la stabilité du système monétaire international, agissent en tissant une règlementation unique qui s'impose à tous les pays du monde, voire les règles de Bâle qui s'imposent, aujourd'hui comme moyen de prévention et de contrôle, à toutes les Banques afin d'éviter le risque de défaillance financier et le risque d'une crise financière mondiale.

Bibliographie :

-BERTRAND.Raymond : « Economie financière internationale » PUF-Paris-1971 ;

-BIBEAU.J Pierre : « L'économie internationale », Eddif-1993 ;

-BOURGUINAT.Henri:« Finance internationale», PUF-Paris-1992 ;

-BRUCKERT.Xavier, DIDIER.Marteau et TONG.Dahlia: «Le marché des changes et la zone franc », Edicef (UREF)-1989 ;

-CHOINEL.Alain et ROYER Gérard : « Le marché financier » Institut technique de banque-1996 ;

-D'ARVIENET Philippe et PETIT Jean Pierre : « Echange et finance internationale », Collection Banque ITB-1997 ;

-FLOUZAT.Denise: « Les strategies monétaires », Que sais-je ? PUF-Paris-15 mars 2003 ;

-GUERMATHA.El miloudi : « Marché des changes marocain et gestion de trésorerie devises »,Elmaarif Aljadida-Casablanca-1998 ;

-LINDERT.P : « Economie internationale », Economica-1986;

-PEYRARD.J :«Les marchés des changes»,Gestion Vuibert-1995 ;

-PEYRARD.J :« Risque de change »,Gestion Vuibert -1996 ;

-PEYRARD.J : « Gestion financière internationale »Gestion Vuibert-1995 ;

-PHAROGOPH.D'arvien et SCHWOB.T : « Le marché des changes »,

 Economica -1994 ;

-RUDLOFF.Marcel : « Economie monétaire internationale » CUJAS-1970 ;

-WOLF.C Holger, GULDE.Anne –Marie, GHOSH.R Atish:"Exchange Rate Regimes", Hardcover-2003;

-YVES.Simon: « Techniques financiers Internationales »,Economica-1993.

Table des matières

www.ingramcontent.com/pod-product-compliance
Lightning Source LLC
Chambersburg PA
CBHW021607210326
41599CB00010B/643